# MOMENTOS

# EXISTENCIALES

# MOMENTOS

# EXISTENCIALES

## Reynaldo Pareja

Número de Control de la Biblioteca del Congreso de EE. UU.:      2014916105
ISBN:              Tapa Blanda                          978-1-4633-9168-3
                   Libro Electrónico                    978-1-4633-9169-0

**Para realizar pedidos de este libro, contacte con:**
Palibrio LLC
1663 Liberty Drive
Suite 200
Bloomington, IN 47403
Gratis desde EE. UU. al 877.407.5847
Gratis desde México al 01.800.288.2243
Gratis desde España al 900.866.949
Desde otro país al +1.812.671.9757
Fax: 01.812.355.1576
ventas@palibrio.com
524249

# ÍNDICE

PREAMBULO ........................................................................ 7

## MI YO – INTIMO
EL YO INTERIOR ............................................................... 10

## LA DANZA DE LA VIDA
LA DANZA DE LA VIDA ................................................... 13

## LA ESPERANZA
ESPERANZA EN LA ESPERA ......................................... 16

## EL TIEMPO, LA SUTILEZA DE LO VIVIDO
EL PASADO ....................................................................... 19
EL PASO DEL TIEMPO .................................................... 22
LA ETERNIDAD DEL PRESENTE ................................... 24

## LA INSPIRACIÓN, LA CREATIVIDAD
QUIEN DEJA DE SOÑAR ................................................ 26
PLUMA LIBRE ................................................................... 27
SOÑADOR .......................................................................... 28
EL NACIMIENTO COSMICO ........................................... 29
MI PODER CREADOR ...................................................... 30

## ANGUSTIA EXISTENCIAL
ANGUSTIA, solo ANGUSTIA ........................................... 34
ESPERAR, Cuánto Más? .................................................. 37
PATRIA DESCONOCIDA ................................................... 40
PREGUNTAS SIN RESPUESTA ...................................... 43
¿QUÉ SERÁ LO QUE VIVO, QUE NO LO ENTIENDO? .... 45
UN TRAGO AMARGO ....................................................... 49

## EL PODER SOCIAL
LOS DE ABAJO, LOS DE ARRIBA ................................. 52
QUIEN DECIDE QUE? ...................................................... 54
CAMPESINO SIN FUTURO .............................................. 57
LOS HEROES SILENCIOSOS ......................................... 58

## INVASION TECNOLÓGICA

VIAJEROS, VIAJANTES, VIAJADOS .................................................. 61

## FIGURA PATERNA

FIGURA PATERNA................................................................................. 65

## EL PASO DE LA GUADAÑA

VI A LA MUERTE UN AMIGO VISITAR ............................................. 69
PRIMO, TE FUISTE ........................................................................... 72
A MI NUEVO ANGEL.......................................................................... 76

## LA BARBARIE HUMANA

KIGALI, CUNA DE UNA TRAGEDIA .................................................. 80
EL ESPECTRO DE UN GENOCIDIO.................................................. 83
HUMANA INSENSATEZ...................................................................... 87
MADRE PROFUNDA........................................................................... 93
MADRE-TIERRA HERIDA.................................................................. 97

## PRESENCIA Y SILENCIO DE DIOS

EL TEMPLO - FLOR............................................................................ 102
El JARDIN DEL EDEN ....................................................................... 104
EL SILENCIO DEL PADRE ............................................................... 106
PLEGARIA DE DOLOR Y RABIA ...................................................... 109
NAVIDAD PERDIDA............................................................................ 111

## HEROÍNA NO-RECONOCIDA

HEROÍNA SIN MEDALLA.................................................................... 113

## EL MATRIMONIO

CAMINANDO DE LA MANO................................................................. 116
REGALO DE BODAS .......................................................................... 118
HOY DE NUEVO ................................................................................. 122

## MADRE

LAGRIMAS DE MADRE....................................................................... 125
MATERNIDAD SIEMPRE NUEVA....................................................... 126

## LO INESPERADO

DEMOLEDORA NOTICIA...................................................................... 129

# PREAMBULO

La vida nos otorga momentos únicos, especiales, profundamente sísmicos que nos hacen cuestionarlo todo: las relaciones con los demás, la propia percepción de quien es uno, las incongruencias de nuestra sociedad, las injusticias personales y sociales, nuestro pasado, la relación con Dios, los momentos oscuros de la existencia, el sin- sentido de la Vida, lo inesperado que nos deja sin aliento.

Son momentos decisivos que nos impactan, nos cambian, nos moldean, nos vitalizan, nos quitan el aire, nos mueven el piso, nos hacen cuestionarlo todo. Momentos decisivos que cambian el rumbo de la vida, y nos re-inventan en niveles no-pensados, no-sospechados que podíamos alcanzar.

Estos momentos son fugaces. Los vivimos, los sentimos, los experimentamos profundamente, pero se nos escapan del campo de los recuerdos, del presente, de la consciencia al menos que los capturemos en alguna forma que nos recuerde que pasó.

Esto es lo que pretenden estos recuerdos sacados de los apuntes dispersos de cómo viví algunos de esos momentos. Espero que el lector encuentre en ellos imágenes parecidas con las que puede identificarse y sentir que ha vivido momentos similares. También espero que el lector pueda rescatar del olvido lo intensamente vivido y lo guarde fresco en su memoria para no perder el valor de lo experimentado.

# MI YO – INTIMO

# EL YO INTERIOR

Enero, 1997

Allá, detrás
de las imágenes percibidas
las emociones sentidas
las rabias palpadas
las angustias bebidas
los sentimientos maltratados
el gusto embelesado
el paraíso intuído,
permanece el yo-esencial
el yo- mío
el yo- estable,
presente en mi universo
en mi historia personal
en mi hoy y en el mañana
en mi pasado recordado
en mi futuro esperado.

Ese yo-íntimo
yo- íntegro
yo-inmutable
detrás del cambio
del paso de los años
del madurar,
allí fiel,
esperando en el tiempo
sin tiempo,
el retorno del yo-afuera
del yo bailando en la superficie
del yo inmediatizado
en la sensación
en el calor
en el frío
en el hambre

en el color
en el sonido
en el miedo
en la dicha
en el cansancio.

Ese yo-mío
        yo-profundo
        yo-realísimo
    el yo-de-verdad
    el yo-espíritu
    el yo-sin-espacio
        sin-tiempo
    el yo- auténtico
    el yo-seguro
    el yo- convencido

de que estamos apenas
        gateando
        caminando,
a veces trotando,
hacia una nueva etapa
donde tiempo y espacio
se unen en abrazo único,
        beso ardoroso
        fusión singular
para re-iniciar el ciclo
de otra etapa
        otra fase
donde mente-espíritu
inicien la jornada
        la síntesis
de entendimiento
        de liberación
        de comprensión
        de goce del Infinito
hoy arañado
        mañana apresado
en abrazo de Eternidad.

# LA DANZA DE LA VIDA

# LA DANZA DE LA VIDA

Enero, 1997

La Vida es una danza
de pasos improvisados
de música universal,
siempre presente
en el acto consciente
    de sus notas
    de sus melodías
    de sus ritmos
    de sus tonos y compases.

Atención permanente
siempre fluyendo
haciendo eterno
el acto mismo
de conocer.

Cada movimiento,
esencia de la danza,
haciendo perpetuo
    constante
    consciente
el instante de estar Vivo,
    presente.

Atrapar el momento,
eternizar el segundo,
perpetuar el ahora,
lo convierte en tesoro
    en riqueza
    en abundancia
del que teniendo Nada
    lo tiene Todo.

Momentos furtivos
    diluídos
no aprehendidos,
        por la consciencia
de estar presente
        en el aquí
        en el ahora.

Intención de ser
ambición de poseer
ausencia en la tenencia,
el gran drama del hombre
        sin presente
apresado por el pasado
angustiado por el futuro.

La danza está en el momento,
esculpido para siempre
en la consciencia del presente.

La acción está en la captura
del momento singular
que hace del ya
        del acá
        del ahora
la riqueza única
de aquel dedicado a
        atraparlo
            asimilarlo
                beberlo
como la última gota de agua
        del universo
al galope de cada milenio.

Baile consciente de cada nota
        en la Sinfonía del Eterno
es hacer propia
        la Danza del Universo.

# LA ESPERANZA

# ESPERANZA EN LA ESPERA

Era noche de insomnio.
el calor pesaba como
yunque sobre el corazón.
Me sentía hundir en el vacío
    en el túnel sin fin
de la pregunta sin respuesta.

El eco de sus mudas palabras
retumbaban en el cerebro
como mil voces sin diálogo.

¿Para qué?
¿Para qué la lucha por
    un mañana sin amanecer,
    una noche sin luna,
    una lágrima
sin voz de aliento?

Era un grito ahogado
de esperanzas marchitas
confundidas con el espesor
de noches muertas.

Un día más,
como tantos otros más.
Días ensartados en cuencas sin cordel,
días goteando con lentitud
de presentes sin hoy,
de mañanas, sin pasado mañana.

En el latir de noches de insomnio,
escuché mi corazón.
Voz sin eco de alegría
            estrujada
            apagada

por el dolor,
como si la noche estrangulara
la esperanza de seguir esperando.
Un grito ahogado de esperanzas marchitas
confundidas
en el espesor de noches densas mías.

En la soledad de mi propia soledad
quise ver una luz
un rostro sin líneas
una imagen difusa
de silueta indefinida.

Quise ver un rostro...
Al perfilarse
me dió seguridad.

¿De dónde salió?
¿Qué decía?

Era fuerza,
era calor,
bastaba para sonreír.

Sonreí...

El día parecía pulsar.
Creí comenzar de nuevo.

Siguieron noches
sin insomnio.
Eran noches de impaciencia
con paz mesurada,
con dicha controlada.
Esperanza en la espera.
Espera con sombras de esperanza.

# EL TIEMPO, LA SUTILEZA DE LO VIVIDO

# EL PASADO

El pasado apresa el presente,
lo trasmuta en pirámide inmóvil
desafiando el paso del tiempo,
impidiéndonos congelar el instante,
una milésima de segundo
diluído en el pasado ido.

Pasado, piedra de molino,
ahogando la vivencia consciente
del presente escurridizo
impidiendo ver el futuro incierto.

El pasado se libera,
         se deja ir,
         se neutraliza,
         se hace bagaje de experiencia
cuando se le mira de frente;
         se le estudia,
         se le comprende,
         se le reconoce,
         se mide el impacto del ayer
y se le acepta como tal;
         con todo su peso,
         con todo su determinismo,
         con todo su efecto en la personalidad,
            en el carácter,
            en la visión del presente,
            en las relaciones con los demás.

Se acepta y se le deja ir
se acepta y se integra
se acepta y se construye con él
se acepta y se le perdona

se acepta y se le olvida
se acepta y se le entierra.

El pasado que no se exorciza, asfixia,
      que no se perdona, amarga,
      que no se deja ir, no deja caminar.

El pasado que no se olvida, atormenta,
      que no se entierra, persigue,
      que no se aleja, ahoga.

Dejarlo ir,
    dejarlo pasar,
    dejarlo morir,
vía de la liberación,
    del autoperdón,
    del caminar ligero;

vía para romper cadenas
    recuerdos,
    pesadillas,
    imágenes sofocantes.

Enfrentar el pasado
de una vez por todas
es liberarse de él
ahora, para siempre.

Dejarlo morir
en las sombras del recuerdo,
permite gozar del presente
con la frescura de la mirada ingenua,
      del corazón libre,
      de la mente despejada
      de la angustia diluída
      de la tensión mitigada
      de la esperanza avivada
      de la frescura bebida

de lo incambiable, aceptado
de lo alegre, disfrutado
de lo doloroso, olvidado
de lo ofendido, perdonado.

Dejar que el pasado
se sumerja en la espesura del olvido
es obtener alas para volar
en el presente
hacia adelante,
hacia el futuro,
hacia el hoy Eterno.

# EL PASO DEL TIEMPO

Julio,1992

He visto mi rostro
en el espejo reflejando
el paso del Tiempo;
he visto la imagen de otro,
    uno más cansado,
con más surcos en la frente
    canas escondidas
menos vigoroso,
    más lento.

Vi de pronto otro Yo,
el que ha madurado algo
al paso del tiempo;
el que ha cambiado su mirada,
    algo más apagada,
con algo más de calor
y un poco más de paciencia.

Vi huellas de los años:
barba y patillas
transformadas en hilos de nieve,
arrugas bajo de los ojos,
menos pelo en la frente
y casi nada en la cumbre.

Vi manchas en los ojos,
quizá presagio de males internos;
volví a ver esa mirada
algo cansada,
pero con más experiencia.

Entendí que no se es joven para siempre
aunque se viva con espíritu joven,
que los años traen mesura
y cambio de ritmo.

Quise reclamar con inconformidad,
no aceptar que el Tiempo
se me vino encima,
así,
        de pronto...

Pasó la rabia,
llegó el sosiego
        la esperanza de una nueva etapa,
        la cosecha de lo sembrado
en años de inversión eufórica.

Sentí vergüenza de tanto no-hecho,
        de las oportunidad perdidas,
        de las experiencias desaprovechadas,
        de las lecciones no aprendidas
        del crecimiento interno no alcanzado.

Me sentí pequeño y confundido,
con sensación de manos vacías...
Miré a mi alrededor
y vi los hijos esperando ansiosos
compartir su tiempo
y vi chispas en sus ojos
brillando de amor por mi;
contemplo a esa mujer
que aún me quiere,
a pesar de todo lo impuesto.

Volvió la paz,
pues me dí cuenta
de que el Tiempo no ha pasado en vano
sin dejar su hermosa huella.

# LA ETERNIDAD DEL PRESENTE

Abril, 1998

La eternidad del presente,
efímera como un rayo del sol,
se desvanece en la bruma de lo intangible
penetrando hasta el último rincón
de nuestra soledad existencial,
bañándola con la luz del ahora
que se esfuma en cada instante
con sabor a Eternidad.

El hombre en su angustia de ser
agarra el "hoy",
lo lame con duda
      con frenesí
      con temor
      con ansiedad
para descubrir penosamente
la vivencia desafiante
de su efímera espacio-temporalidad,
diluída entre los dedos
como polvo cósmico
encapsulado en un instante,
teñido de Inmortalidad.

# LA INSPIRACIÓN,
# LA CREATIVIDAD

# QUIEN DEJA DE SOÑAR...

Quien deja
    de soñar
    perdió la ilusión de vivir;

pues cada sueño
contiene la chispa
de nuestra creatividad,

y lo mejor del existir
es el producto de nuestro inquirir.

# PLUMA LIBRE

Deja que la pluma corra rauda
para que los pensamientos-águilas
vuelen libres
en el cielo inexplorado
de todas las posibilidades dormidas,
para encontrar en ellas
el sentido del instante,
su conexión con el Infinito.

# SOÑADOR

Eres esponja
cargada de ilusiones,
exprimida sin piedad,
hasta quedarte seca
sin la energía vital,
regalo de la Vida.

Incansable peregrino del Amor,
sediento buscador de la Ilusión,
enamorado aventurero
de lo más bello en la Existencia:
    la pulsación del Amor hecho mujer,
    elusiva como lluvia evaporada
    seducido por la embriagante ilusión
de la perfecta no-encontrada,
de la bella no-vista,
de la añorada no-capturada.

Sigue soñador
embelesado en tu sueño
embriagado en tu búsqueda
sin sosiego
de un horizonte inalcanzable
eternamente proyectado
al Infinito irreversible.

# EL NACIMIENTO COSMICO

He visto en la penumbra
sin tiempo ni espacio propios,
un hombre con espasmos de parto
gimiendo su nacimiento creativo
    con esfuerzo
    con dolor
    con el grito final
presente desde el primer nacido
de toda raza humana.

He visto a un chiquillo
extender sus brazos,
he visto una madre
recibir de su vientre fértil
la criatura de su pasión creativa
sonriendo al recibirla
en su regazo, cuna de amor.

La he visto, a su vez,
engendrar y dar Vida
a otro hombre-Humanidad
quien, irguiéndose majestuosamente,
se desliza sobre la ola
del oscuro espacio sideral
observando, atisbando atento,
el Mundo propio
donde nacer,

para renovar el ciclo de siempre
de una nueva Humanidad,
iniciando su Evolución colectiva
de nacimiento temporal
para encontrar una vez más
la ruta de regreso a la Eternidad

# MI PODER CREADOR

Enero, 1997

Quiero congelar el instante
para dar gracias a la Vida
a la fuente de toda Vida
porque participo de la Vida.

Soy un creador
con el Creador,
portador de Vida
dentro de mi esperma
      mi inteligencia
      mis manos
      mis ojos
      mis sentidos
      mi yo-consciente.

He vibrado al ritmo de la Creación
al sentir mi yo-interno
      mi mente en acción
      mi corazón amando
      mi imaginación dibujando
      mis latidos galopando
      mi sangre circulando
      mis pensamientos revoloteando
      mis memorias surgiendo
      mis sentimientos desbordando
      mis sensaciones absorbiendo.

En cada fracción de segundo
en mi la Creación se perpetúa.
Miles de neuronas regenerándose
      moléculas armándose
      huesos sosteniéndome
      corazón latiendo rítmicamente
      pulmones renovando el aire-Vida.

Y dentro de esta maquinaria insuperable,
el doble milagro creativo
de vida encapsulada
en vigorosos espermatozoides
siempre ansiosos,
buscando frenéticos
como iniciar otra Vida.

Mi computadora infatigable
en cada segundo creando
        un pensamiento
        una imagen
        una orden
        un concepto;
formidable central neuronal
siempre ordenando
        recibiendo
        procesando
        armando
las ideas
las sensaciones
los pulsos eléctricos
        cada uno con vida propia
para crear
        estos versos
        otras ideas
        otras imágenes
invitando a los demás
a festejar la maravilla
de nuestro poder-creador.

Todos somos millonarios
        en el cerebro
        en ser portadores de Vida
porque somos co-creadores del Universo
inconscientes - tal vez -
aun así, creadores de Vida.

Veo mi riqueza intrínseca,
mi Poder Creador,
y me quedo mudo
ante la grandeza mía,
insignificante criatura,
uno entre seis mil millones,

consciente de ser
co-Creador de la Vida
vehículo del Infinito
para continuar la Creación
impregnanda con sabor a Eternidad.

# ANGUSTIA EXISTENCIAL

# ANGUSTIA, SOLO ANGUSTIA

Nov.,86

Hay noches negras
            lúgubres
cuyo vacío
    congela el corazón
    tritura la médula.

Se siente la soledad,
tan amarga y profunda,
como mano asesina
    sofocándome,
        ahogándome...

Se siente el peso de la asfixia
sesgando el aire
contrayendo la respiración
con tenaza
    de amargo
    de profundo
            dolor.

Hay noches tan negras
y lúgubres
que no se quiere vivir;
    se desea el vacío
como el cadáver su tumba.

Se siente la desesperación
la incógnita sin respuesta
la desesperanza sin fin.

Hay noches en que se ama
la desesperación
porque no hay horizonte
       ni esperanza.
Hay noches en que
se siente el peso de vivir
       el de cargar
toda la amargura
       de la humanidad
la angustia de los que sufren
       sin ser oídos,
       se mueren sin ser enterrados,
       se apagan sin alumbrar,
       se olvidan sin ser recordados.

En noches como éstas
quisiera dejar de luchar
       de creer.
Quisiera claudicar
como derrotado que entrega
su arma y su vergüenza,
como niño regañado
que pierde su orgullo
y se traga su rabia
de cara a la pared.

En noches como éstas
quisiera gritar
       mi amargura
       mi desconsuelo.

Del pergamino
de mi garganta reseca
sale un lastimero gemido
de lágrimas atoradas,
dentro del dique
de mi orgullo herido.

Hay noches tan lúgubres
            tan negras
que quisiera gritar
            desafiando la Vida
            maldiciendo la Muerte
con un grito rabioso
rasgando el velo
de esta noche lúgubre…y negra.

# ESPERAR, CUÁNTO MÁS?

Agosto, 1987

Si la pena dura
el tiempo de una tormenta,
qué fácil es la esperanza…

No para mí.
Pasan los días
se acumulan las semanas,
se cuajan los meses
        y mi tormenta sigue
        mi pena permanece
        mi angustia se instala,
sus huellas y sombra
        me siguen
        me acorralan
sin aliento me dejan…

Del fondo de mi noche oscura
el destello del nuevo día busco,
pero la sombra de una noche larga
la centella oscurece,
y mi esperanza débil se desvanece.

Clamo mi dolor
en gritos sin sonido,
ahogándose en mi garganta
reseca de duda
acallada por la fatiga.

La solución
         la quiero,
la respuesta
         la deseo,
el reposo
    lo busco
           con afán
           con desespero.

Pero solo oigo
           mi quejido mudo,
           mi pregunta sin respuesta
           mi embrollo interno.

Espero…
           porque de la fuerza ciega
           dicen que nace la esperanza.

Espero
           con duda
           con angustia,
           con algo de fe,
           con deseos sacudidos
por el llanto sin lágrimas,
el peso doblegador
           de la duda ciega
           de la desesperanza
que permanece
           oprime
           atenaza
           sofoca.

De mi clamor
mudo testigo soy.
¿A quién le puedo contar mi queja
si a nadie mi problema
le interesa?

Lo escribo con rabia
anhelando el desfogue.
Si el papel y la tinta
me escuchan,
que sean ellos,
en esta noche oscura,
quienes me purifiquen
de esta pena y angustia.

Si es posible,
que surja la esperanza
y pase la tormenta.

# PATRIA DESCONOCIDA

Vuelvo a mi país,
como un extraño
    un curioso alejado
queriendo redescubrirlo
    domarlo.


Le temo por lo mucho que ha cambiado
    por la violencia imperante
    por el ritmo acelerado
    por el pulso incesante
de una metrópoli asfixiante.

Siento el jalón
    de las raíces que atraen
    de los amigos que siempre han sido,
    de su topografía salvaje
del ambiente sazonado de baile
del aire propio con atardeceres suyos.

Siento la alegría de vivir lo nuestro
aunque después, arrepentido,
tenga que dejarlo ir
como una ilusión
    un sueño desvanecido.

Quiero experimentar su contradicción
a riesgo de buscar otra patria,
donde no se enjuicie
    lo no-vivido,
    lo no-sentido.
    lo no- experimentado
    lo no-ensayado.

Patria cercana
patria lejana
amante insegura
devoradora de añoranzas
estrujadora de memorias
con su violencia hecha normalidad
   su droga hecha negocio legal
   su separacion de clases
marginando a miles,
   millones
de hermanos pobres,
de la riqueza nacional.

Patria de esperanzas
  de raíces sin suelo
  de anhelos soñados
  de deseos inconclusos
  de sentimientos encontrados
cuándo podré regresar
  sin miedo
  sin congoja
sin aprehensión
  sin sentir la tenaza
de ser extranjero
en el suelo patrio
porque he renunciado
  a no diluírme
en la desvalorización de la vida
en el marasmo de la corrupción
en la compraventa de favores
en la especulación de la amistad
en la desmoralización de la verdad.

Patria chica
patria grande
            cuánto te amo
            cuánto te quisiera abrazar
si abrieras tus puertas
y cobijaras amable
el retorno del hijo viajante
que busca retornar.

# PREGUNTAS SIN RESPUESTA

Abril, 1997

En noche de estrellas titilantes,
suspendidas en la bóveda celeste
cosidas a su manto negro
como luciérnagas estáticas,
levanto mi vista
suspiro una queja
experimento mi pequeñez
        mi angustia
        mi insatisfacción anhelante.

Uno de billones más
sintiendo el peso
de los interrogantes eternos
que acosaron a tantos miles más
y se quedaron sin respuesta.

Miro a mi alrededor
y encuentro igual número de preguntas,
interrogantes todos
en búsqueda de repuestas con sentido
        de eventos explicables
        de misterios con solución.

Navegamos el mar de la incertidumbre
convencidos de que sabemos lo suficiente
conscientes de que sabemos poco,
pues lo visible es apenas puerta
        apertura
        entrada
al mundo de lo invisible
donde hay otras realidades
con otros sentidos
y mejores respuestas

a nuestra búsqueda incesante de
"¿por qué estamos aquí,
¿quiénes somos
¿a dónde vamos "?

Preguntas cósmicas
que iluminan el "por qué" del presente
el "qué será" del mañana,
jaladoras de una historia inacabada
siempre construída
en el esfuerzo colectivo
por entender el origen
de nuestra "Nada".

# ¿QUÉ SERÁ LO QUE VIVO, QUE NO LO ENTIENDO?

Julio, 88

Silencioso,
como felino nocturno,
detrás de la puerta acecho
    tu respiración
    tu suspiro
    tu soledad.

Impaciente, espero,
angustiado, el oído afino,
    esperando
    anhelando oír tu suspiro.

Del corazón estrujado
sube mi presión represada
ahogándose como volcán tapado
que ruge su ansia contenida
sin desfogue alguno.

Mi soledad estéril
en la penumbra de la noche
su expresión busco
y la respuesta única
es el tropel de un corazón
que retumba
en el silencio
de la noche profunda.

¿Qué será lo que vivo
que ni yo lo entiendo?

45

Lo único cierto es lo que siento,
sienes palpitantes
un horno encendido
        quemando
        ardiendo
sin consumir la energía latente,
pulso y presión calientes
como zarza ardiente.

¿Qué será lo que vivo
que ni yo lo entiendo?

Despejar la incógnita deseo
gritarle la pregunta
al viento quisiera.

Respuesta no oigo,
sólo el "tic tac" nocturno
de un sueño que no llega
porque la fiera dentro
la calma no acepta,
porque la furia represada
respuesta no encuentra.

¿Qué no daría…
por romper esta angustia inagotable
que se renueva cada día
con vida propia
con perpetuidad temida?

¿Que no daría…
por encontrar la paz perdida,
        el equilibrio roto
        la sonrisa apagada,
        la alegría mía…?

Dime noche,
compañera de tantas horas oscuras,
lloradas en silencio amargo
¿qué debo hacer
para sacudir esta pena
que poco o nada enseña
y la respuesta ahoga?

Muéstrame cómo calmar mi ansiedad
con un llanto pleno
que deshaga este nudo
y sacuda esta angustia.

Comparte,
noche larga,
tu silencio profundo
    dame un poco
    de tu sabiduría de siglos
    acumulada en el susurro
    de silentes sombras.

En la duda floto,
me nutro y ahogo.
Mi angustia,
    no la deseo,
    no la controlo.
    no la comprendo.

¿Qué no daría…?
para que esta noche pase,
    la duda se disipe
    la calma vuelva
    la sonrisa
sea una vez más, mía.

Noche oscura
noche enemiga,
¿cuándo me liberas
y la paz me devuelves?

Mira, ave nocturna,
del brillo del sol preciso
para esperar
crecer
amar.

Dadme, noche oscura,
un poco
de fértil esperanza
para esperar
crecer
amar.

Dadme, noche oscura,
fuerzas suficientes
para buscar el alba
que anuncie el nuevo día
el renacimiento
la luz
el aliento
porque lo que vivo,
no lo entiendo.

# UN TRAGO AMARGO

Septiembre, 1997

He saboreado el amargo cáliz
he bebido la angustia a borbotones
he libado la copa de hiel
hasta sentir el alma partirse en dos
bajo el peso de la acusación
del señalamiento sin verdad
                sin hechos graves,
apenas errores de juicio
    palabras imprudentes
    gestos fuera de contexto.

He sentido el peso de la acusación
caer como yunque
quebrando mi imagen interior.

Sentí dudar de mi integridad
           de mi imagen personal
           de mi realidad interior
           y me espanté al verme
como un monstruo desaforado
con quien no me identifico.

El mazazo me ha dejado
aturdido
   confuso
      delirante
         inseguro
dudando de mi verdad interior
vivida con ella medio siglo
creyendo que ese era yo.

Mi Yo-percibido
está en la silla del interrogado,
desafiando la imagen
del yo-percibido por ellos.

Confrontación de titanes
en ciclópea lucha
    remodelando
    redibujando
            el corazón
            la mente
para nacer nuevo
            diferente
                    reforzado
como un converso
cuyo fondo de dolor
al fin lo redimió.

# EL PODER SOCIAL

# LOS DE ABAJO, LOS DE ARRIBA

Septiembre,1982

Los que comen frijoles y arroz
o arroz y frijoles

Los que fabrican
lo que los demás consumen.

Los que siembran la cosecha
de los otros.

Los que buscan trabajo inutilmente
o piden limosna.

Los que pasan vacaciones
cultivando las fincas de los ricos.

Los que envejecen mas rápido
encorbados por el azadón.

Los que se beben su desgracia
en la cantina de mala muerte.

Los que caminan
sin zapatos,
y hacen niños
para las balas perdidas.

Los que comen buena carne
y toman whisky fino.

Los que consumen
lo que los demás producen.

Los que tienen zapatos
pero no los usan.

Los que inauguran como propias
las obras ya construidas por otros.

Los que pasan sus vacaciones
en la costa junto al mar.

Los que tienen muchachas
para servirles.

Los que tienen mucha plata
sin trabajar.

Los que viven bien
y mucho tiempo.

Los que tienen música,
libros y teatro.

Los que miran por encima
a los demás.

Los que mandan a los jóvenes
a morir por la patria.

# QUIEN DECIDE QUE?

Octubre, 1996

Sentados alrededor de la mesa
caras serias
expresiones intensas
palabras selectas
juego de conceptos
notas escritas y re-escritas
gestos de aprobación
actitudes de recelo
forcejeo de personalidades,
bostezos
desinterés
miradas vagas
al ritmo de una reunión
burocrática
técnica
de planeación
de políticas

que definen
delimitan
orientan
encasillan
los programas
las inversiones
las evaluaciones,
las ilusiones
los esfuerzos de personas
de países
de regiones.

Así organizamos
la inversión de fondos,
el porvenir de programas
el futuro de las intervenciones,
el pulso del desarrollo

y nos quedamos con la ilusión
de que hemos resuelto los problemas,
sin la representación
la participación
la objeción
el aporte
de aquellos que afectamos
porque están "muy lejos"
para nuestra conveniencia
sin "educación formal"
sin nuestro vocabulario conceptual
sin la experiencia del diseño.

Así decidimos siempre
de arriba para abajo
por ellos
para que sigan
nuestras directrices
orientaciones
iluminaciones
comprensiones
porque asumimos
que no pueden hacerlo sin nosotros
los detentores de los procesos
de la financiación
del poder de decisión.

No dudo un instante;
un día, en la misma mesa,
estarán compartiendo
   discutiendo
   evaluando
   decidiendo
      su futuro
con nuestra presencia
   nuestro apoyo
de igual a igual,
con el respeto de adultos
que negocian un presente
para redefinir un futuro.

# CAMPESINO SIN FUTURO

Agosto, 1982

La tierra que él trabajó
el sudor que él derramó
la casa que construyó
la cama en que se acostó
la bebida que lo emborrachó
el machete que lo tasajeó
la sangre que brotó
el campo en que murió
la tierra que lo recibió
la lápida que nadie colocó
el nombre que nadie recordó
la historia que lo olvidó.

# LOS HEROES SILENCIOSOS

Enero, 1997

Los desposeídos
los sin camisa
   sin techo
   sin cariño
   sin trabajo
   sin pan
   sin cama
   sin esperanzas
   sin futuro.

Héroes anónimos,
pilares de la especie
silenciosos albañiles
constructores del presente
sustentadores de la historia
           no contada,
no ensalzada
           no deseada
no ofrecida
           no propuesta
no registrada.

Los callados
porque no tienen voz ni voto,
los aterrorizados
porque no tienen defensores,
los condenados
sin juicios imparciales,
los explotados sin misericordia
sin derecho a la réplica,
los sin nombres "respetables"
obligados a la tercera categoría.

Los sin cultura
porque no tuvieron acceso a ella,
los sin refinamientos sociales
porque los criaron en la rudeza;

los que pidieron
    y fueron escarnecidos,
los que protestaron
    y fueron torturados,
los que señalaron el error
    y fueron vituperados,
los que buscaron la verdad
    y los callaron con autoridad.

Todos ellos,
            los callados,
            los sin voz
            los sin voto
            los sin rostro
y sin representación,
            los últimos
            los no tenidos en cuenta
            los oprimidos
            los silenciados,

son quienes hacen la historia
de verdad,
la que sostiene el paso
de la humanidad
siempre incapaz
de reconocer su mérito,
porque no tiene tiempo
para rescatarlos del olvido,
tan ocupados como están
en adular a los
dirigentes de su destino.

# INVASION TECNOLÓGICA

# VIAJEROS, VIAJANTES, VIAJADOS

Feb. 1996

Me encuentro frente a ella;
me mira pensativa.
Mi nombre,
un nombre más
de los tantos otros
que están allí
        atrapados
        encarcelados
en los microsistemas,
en una red electrónica
        que no entendemos
        que no controlamos.

Somos,
   soy,
        un resultado de teclas
        una afirmación electrónica
        en un cerebro cibernético
que no tiene sentimientos
que no tiene alma
que no tiene corazón.

Una red de dígitos
una mezcla de puntos
de información encapsulada
        uniendo
        contactando
creando
        en la pantalla
        mi nombre,
        tu nombre,
que aparecerá,

que apareceremos
materializados
por la magia de la electrónica
dándonos existencia lumínica,
validez de presencia
diciendo:
Soy uno más
    de otra lista
    de otro viaje
    de otro pasajero sobre la mar.

Sonrío,
    ella dice mi nombre
    mal pronunciado,
    en inglés,
    cuando el mío es español,
    casi árabe,
    vocales llenas
diferentes
difíciles
    para quien solo articula
    silabas shakesperianas.

Y una vez más
el computador,
el organizador
    de su universo logarítmico
    de su finitud parcial
hará posible que yo,
    que cientos
    que miles más
hoy
  mañana
  pasado mañana
hasta que los días no sean más,

me dará
    te dará
        nos dará
el permiso,
    la autorización
    la orden, quizá,
de cambiar la realidad propia
y la de los demás.

Y yo
    como tú,
    como los demás,
obedeceré
    porque el computador
    se convirtió
    en el Gran Ordenador
    de nuestro diario vivir.

# FIGURA PATERNA

# FIGURA PATERNA

Como tantos miles de hijos
que repiten la historia,
tuve que confrontarte
      desafiarte
      impugnarte.

Tuve que crecer
      despojarme
de la armadura del temor
mirar de frente
      el fantasma de tu autoridad
      el halo efímero de tu respetabilidad
y ver en el fondo
      de tu alma envejecida
      de tu ira anquilosada
      de tu irascibilidad descontrolada
      de tu recurrente superficialidad
la proyección de aquel
      que nunca quise ser
      que siempre rechacé
porque era la antítesis
de lo que aspiraba ser.

Un día
      una noche
          una fase,
allá en la infancia
impresa en mí quedó
la figura imponente
de un gigante descomunal
presente siempre
en el andar de mi historia personal.

La sombra de tu paternidad
encadenaba
mi crecer independiente,
a tu figura
impresa en el el telón
del subconciente.

Hoy dejé de odiar tu silueta perseguidora
tu imagen acusadora
tu personalidad desagradable.

Hoy comprendí mi angustia infundada
dependiente aún
del eslabón umbilical mental.

Alivio
paz
de no sentirme obligado a
aceptarte sin cuestionarte
obedecerte sin replicarte
admirarte sin criticarte
oírte sin alterarme
amarte sin cuestionarte.

Relación madura
reconocimiento tácito
de tus debilidades
de tus limitaciones;
aceptación alegre
de tu forma incambiable de ser,
tu propia forma de existir
tu manera de vivir,
tuya y no mía,
sin obligación de imitar
ni perpetuar.

Feliz corte sicológico,
liberación interior
    dolorosa
    desangradora
    necesaria
para tomar las riendas
de mi autónomo crecer.

# EL PASO DE LA GUADAÑA

# VI A LA MUERTE UN AMIGO VISITAR

Diciembre. 1996

He palpado la muerte
al verla de frente
    real
    patente
    concreta
en alguien cercano,
alguien conocido
un primo,
un familiar.

La he visto devorar su fuerza
minar su fortaleza
derrumbar su bastión.

La he visto arrancar su cabellera
    depilar sus cejas
    tumbar su bigote
    macerar su cara
    hundir su mirada.

La he visto
    carcomer su interior
    sustraer su energía
    quitar el apetito
    robarle el peso
    borrarle la memoria
    acortar el aire
dejarlo sin aliento.

La he visto
palmo a palmo
desmoronar un gigante
        de salud
        de vitalidad
        de energía,
para convertirlo
en cuerpo derrotado
en esperanzas frustradas
en alegrías idas
en sombra fantasmal
en dolorosa realidad.

Muerte inexorable
verdugo certero
no respetas
        ni edad
        ni experiencia
        ni clase social
        ni apellido
        ni alcurnia
        ni fama
ni posición de poder
        ni riqueza
        ni pobreza
        ni títulos
        ni ignorancia insconsciente.

A todos nos cobijas
silenciosa o
estrenduosamente
cuando tocas la puerta
de nuestra efimera existencia.

A todos nos pasas
de la rivera del acá a la del más allá
en una barca de dolor,
fuego purificador.

Nos vistes de luz interior,
para dejarnos ver
el camino aún por andar,
allá, en la otra orilla,
donde el sendero
asciende hasta
perderse en la entrada
de la Eternidad.

# PRIMO, TE FUISTE

Enero, 1997

Te fuiste, Camilo,
en las garras lacerantes
de un cáncer galopante
que envolvió
    sometió
        doblegó
            destrozó
tu semblante lozano
tu fortaleza admirable
tu salud vigorosa
tu imagen de vitalidad
tu ausencia de enfermedad
tu despreocupado bienestar.

Te has ido callado
en silencio lleno de valor
que se apagó
    se extinguió
como llama de vela
en medio de una tempestad.

Se quebró tu tronco,
las ramas desparramaron
sus hojas de otoño
a la sombra de un invierno,
helado en tu ciudad,
cálido en tu tumba-hospital.

Te fuiste primero
que tu madre,
que tu joven hermana,
que mi hermano de tu misma edad,
haciéndome sentir en lo profundo
mi limitada existencia
mi innegable debilidad
más frágil que la tuya,
si fortalezas voy a comparar.

Te fuiste
dejando al descubierto
la fragilidad de nuestra
pequeña,
reductible
realidad.
Dejaste patente
cómo nadie tiene asegurada
esa añoranza de perpetuidad
anhelada
buscada
deseada
jamás aquí alcanzada.

Tu partida
nos deja vulnerables
pues nos hace palpar
a mí,
a todos
la posibilidad
no remota
no lejana
de que un día no anunciado
la Dama-Muerte
a nuestra puerta ha de tocar.

Descansa primo,
del río de esta Vida
ahora que al otro lado estás.
Nosotros continuamos
el camino largo
   tedioso
   escabroso,
el sendero de nuestro
individual y
   colectivo
ansioso peregrinar.

Tu memoria nos da
el apoyo generoso
a los convencidos
de que tu temprana partida
en vano, no será.

Si puedes,
   dinos
cómo ese viaje es;
queremos desde ya
reducir la tenaza sofocante
de que un día la Dama-Muerte
el aliento nos quitará
cuando nos ha de arrojar
a la rivera donde ahora estás.

Esperamos ese día verte
convertido en guía sazonado
mostrándonos el camino
alumbrando el sendero
tendiéndonos la mano,

haciéndonos la travesía
menos angustiosa
menos miedosa
más alegre
más iluminada
ayudándonos a transformar
la transición,
el desasosiego
en experiencia de Luz
de Vida
de Amor
de Encuentro
con el Padre Celestial.

# A MI NUEVO ANGEL

(En la muerte del bebé de una amiga)
Mayo, 1998

Te fuiste hijo mío
en alas de lo incomprensible
siendo un pequeñín
que apenas abrías tus ojitos
a la enorme grandeza
    de estar vivo
    de ver mi rostro sonriente
    de sentir mis brazos amorosos
    de dormir en mi regazo seguro
confiando tu dependencia
a mi desvelada entrega.

Hoy, no estás conmigo, hijo.
El vacío de tu ausencia traspasa de dolor
    mi aturdido corazón,
    mi rebelde espíritu
que no quiere aceptar
la dolorosa separación,
la insólita partida.

Sé, con absoluta seguridad,
    de madre esperanzada
    de creyente convencida
que no te has desvanecido
en la Nada del absurdo
ni en la Oscuridad de la extinción.

Mi corazón me afirma
tu continuidad allá,
en esa dimensión,
donde nuestra comprensión

se vuelve frágil,
        etérea
impotente para entender,
rebelde para aceptar
        lo ininteligible
        lo ilimitado
        lo celestial.

Ayúdame hijo mio
        desde allá
donde estás vivo,
        vivísimo
tanto más que lo que estabas acá,
ayúdame a vislumbrar un poco
        el sentido de tu tránsito
        el por qué de mi dolor.
Ayúdame a comprender que
        la puerta que abres en mi interior
        la fuerza del espíritu que vivificas en mi,
el vigor que fortalece mi fe tambaleante
la conexión permanente
        con el más allá que estableces.

Dadme hijo mío,
        ángel mío,
el sentido de esa nueva dimensión,
la fuerza del Amor que trasciende el tiempo
el sentido del Dios-Misterio
que hoy me susurra,
en medio del dolor.

Ayúdame, ángel mío,
a amarte aún más,
a amarme en mi desolación
pues en ella descubro
la verdadera dimensión
del espíritu encarnado que soy,
viviendo el dolor humano
empapado de Inmortalidad.

# LA BARBARIE HUMANA

# KIGALI, CUNA DE UNA TRAGEDIA

Kigali, Rwanda, Abril 30, 2000

He bebido el dolor centenario de África
en las paredes de Kigali
en las miradas perdidas
de niños mendigando en las calles
de madres apretando infantes hambrientos
en la multitud de ojos sin esperanza
    con el miedo impreso
    en los rostros
    y en los cuerpos maltrechos
por una violencia sin sentido;
    odio enconado
    ciclón inclemente
    tormenta tropical rugiente
devorando al paso todo ser humano
señalado como enemigo,
siendo hermanos de piel de ébano.

He sentido este odio fratricida
    en las paredes del hotel
    en la calle
    en el mercado
    en las tiendas
    en los edificios.

Es un aire enrarecido
indescriptible
    sin rostro
    sin nombre

aún presente
 en cada cara
 en cada cuerpo
en cada mirada
deseosa de olvidar.

Es un miedo-tenaza
es una rabia de raza
acumulada en decenas de años
de odio fratricida
sin sentido, ni explicación;
es una pena de guerra incrustada
 en el alma de todos
como un fantasma de ayer;
fugaz recuerdo
de un momento cruento
 con pocos rivales
 en la trágica Historia
de nuestra Humanidad reciente.

He respirado
 el odio
 el temor
 el resentimiento
 el dolor
hasta sentirlo en la mitad de mi ser;
los fantasmas de los idos
invadiéndome sofocantes
buscando en mí
el descanso no logrado
en su muerte violenta.

Vivir en Kigali unos días
sobra para experimentar
el episodio más oscuro
de nuestra triste realidad,
     hermanos de piel negra
     hermanos de sangre
     hermanos de la tierra,
enemigos en odio mortal
matando hermanos del mismo color
en aras de un nombre diferente,
Tutsi y Hutu.— Hutu y Tutsi.

¿Dónde estás Humanidad
en medio de este horror vivido
en el paroxismo de un genocidio irracional?

# EL ESPECTRO DE UN GENOCIDIO

**(GIKONGORO, RWANDA)**
Mayo, 2000

Hoy he visto el espectro
de un genocidio abominable,
21.000 restos de piel arrugada
    cráneos hundidos a golpe de mazo
    cuerpos entrelazados con sogas,
    piernas arqueadas en grotesca geometría,
    horror dibujado en muecas de incrédulo espanto,
    falanges rotas en inimaginables posiciones,
    cuellos torcidos en absurda angulación,
    mandíbulas desencajadas sin compasión,
    cientos de cráneos alineados esperando inspección,
    pilas de huesos desafiando la gravedad,
    jirones de ropa pegados a esqueletos desnudos,
    mechones de cabello arrancados a jalones,
horror desmesurado
visible en cuencas sin ojos,
    en rictus de rostros macerados;
pánico dibujado
    en bocas sin dientes
    en frentes machacadas sin compasión;
incredulidad en instantes de muerte
vividos en un segundo,
petrificados para la memoria colectiva
por una rabia colectiva
de odio fratricida
en 21.000 cuerpos momificados.

He mirado tu vergüenza, Gikongoro,
exhibida al mundo como testigo mudo
de la locura de una colectividad
mostrando lo peor de sí misma,

el descontrol total
la obnubilación de la dimensión de lo sagrado
la aniquilación de toda moral
la devastación de toda súplica
la pérdida del sentido de la misericordia
la negación de respeto por la individualidad,
la exhibición de lo peor de la Humanidad
capaz de acabar con la Vida
en una orgía de sangre
sin parangón en la Historia actual.

He olido el dolor nauseabundo acumulado
de 21.000 Vidas masacradas
en una ola de Violencia
sin explicación racional
sin sentido humano
sin Humanidad presente.

He perdido el aliento
al ver estos cuerpos
clamando sin voz,
acostados en barracas improvisadas
esperando en la pesadilla
de su aniquilación apocalíptica
una justicia negada.

He mirado estos cuerpos
grabando cada detalle de horror
en la mitad de mi alma
para nunca olvidar
a dónde puede llegar el hombre,
cuando deja salir de sí
la bestia de odio acumulado
en tradiciones ciegas
en temores sin fundamento

la destrucción de su racionalidad obnubilada,
        de su corazón enceguecido,
la obliteración de sus semejantes
        en virtud de un nombre étnico
de un apelativo arbitrario, Hutus y Tutsis,
hermanos de sangre y el mismo color de piel.

He visto lo peor de la Humanidad,
necesitada de un vocero gritando
la pérdida de toda noción de Bondad que
se embriaga en el odio aniquilador,
deja en suspenso todo acto racional
olvida la lección del bien y el mal,
niega la presencia del Espíritu en sí mismo,
desata la sed vengativa
vocifera el odio en gritos salvajes,
responde ciego a la invitación de muerte,
desata su furia social,
masculla su pobreza extrema y
grita su hambre de miseria.

He sido testigo de su demonio interior
en una ola maremoto-genocida
de cadáveres mutilados, apilados
en la resaca de una marea baja,
        de una carrera loca
        de destrucción fratricida
como la Humanidad
no se creía capaz de realizar.

He bebido hasta la turbación espiritual
tu testamento de horror, Gikongoro,
y he llorado con las madres sin lágrimas
el espanto de sus hijos arrebatados
destrozados delante de ellas,

en genocidio de lesa Humanidad,
realizado en tus colinas, verdes aún,
bañadas por un río de sangre
que se deslizó por tus laderas
clamando al cielo en grito de espanto,
"¿Por qué, Dios mío, me has abandonado?"

He contemplado el horror desbordado
en 21.000 cuerpos mutilados,
he recorrido los salones de clase
donde yacían en su muerte genocida,
y apenas he tenido aliento
para susurrar al final del macabro recorrido,
"Perdónalos, Padre, porque no saben lo que hicieron..."

# HUMANA INSENSATEZ

1995

Avanzamos inventando
    creando
    renovando
    cambiando
    remodelando
    innovando.

Cada salto técnico
se parece al sutil deslizarse
de un pintado leopardo
diluyéndose en el bosque
    de los circuitos
    de los chips,
de los transistores
    y rayos láser.

El hombre enfrenta
formidables barreras
siendo capaz de superarlas.

Nos enorgullecemos
como raza pensante;
hacemos historia diaria
    de triunfos,
    de éxitos
    de soluciones
de revoluciones.

Creemos en este ingenio ilimitado
capaz de encontrar solución
a todos los problemas,
desafiando continuamente
nuestro engreído orgullo
de hombres pensantes.

Pero al mirar con severidad
no siempre se ve la misma realidad.

El hombre
        avanza, sí
        crece, sí
        inventa, sí
se esfuerza, sí

pero el precio
del triunfo
muchas veces
        ahoga
        asfixia
el deleite del triunfo.

Éxito a costa
de convertir la tierra en desierto
de llenar el aire
        con contaminantes,
desnudando las montañas
        los valles
de sus verdes guardianes,
sofocando los ríos con químicos
ahogando su vida acuática.

Eliminamos especie por especie
adornando zoológicos
    acuarios
    jaulas
y casas vacías de compasión.

Vertemos gota a gota
    galón a galón
tonel a tonel
    cientos
    miles
de toneladas
de basura radioactiva
dentro de las entrañas
de la Madre Tierra
donde nace
el líquido original
donde nació la Vida.

Producimos basura
    por camionadas
    por montañas
ahogando en plástico
lo transmutable
impidiendo crear abono fértil,
renovacion necesaria.

¡Qué insensatez!
la de este gigante
de los siglos XX y XXI,
inventor incansable
rasgando el aire
en pájaros de acero,
atravezando los mares

en peces metálicos,
alumbrando ciudades,
suplantando el caballo
    por cuatro ruedas
    y ciento veinte caballos
    de combustión interna,
partiendo el átomo
en mortal hongo apabullante,
condensando el cerebro
en un disco duro
y un mouse-interactivo,

invadiendo la vida
con un 'gadget'
para toda necesidad,
inventado todo lo innecesario
para todo lo inimaginable...

Este genio de la invención
    no puede
    no quiere
darse cuenta
de que este pequeño globo azul
suspendido en el negro vacío
del espacio inalcanzable
    tiene un límite
una cantidad agotable
de riqueza limitada
pronta a llegar a su extinción
porque la insensatez

de este gigante
    de orgullo
    de juicios cortos
de decisiones a corto plazo,
    no puede
    no quiere

darse cuenta
    estudiar
    analizar
    inventariar
    y aceptar
que tiene
que debe
    controlar
    corregir
dirigir
guiar
    timonear
    encauzar

su crecimiento
su desarrollo
    su invención
    su genialidad
    su insensatez
para aprender
a no seguir
    defoliando
    desforestando
    quemando
matando
explotando
aniquilando

los recursos del mundo,
la riqueza de todos
como si fueran ilimitadas
    inagotables
    inacabables.

Madre-Tierra
enseña a tu criatura depredadora
a mirar tu ropaje exquisito
tus criaturas en equilibrio
tus ciclos de Vida,
a leer tu historia
Madre-Tierra
antes de que aniquile
    la morada
que le ofreces,
con su codicia
    desequilibrio
    e insensatez.

Enséñale Madre-Tierra
a usar los recursos parcamente
a explorar con medida
    a controlar su contaminación
    a no jugar a ser dioses omnipotentes
para que esta pequeña morada celeste
este globo azul de frágil especie
dure
    albergue
        nutra
y siga dando Vida
a generaciones miles
que la amen
    la respeten,
trabajen con ella
creando una evolución
que haga de esta Historia Cósmica
una página de admiración.

# MADRE PROFUNDA

Agosto, 1996

Mole gigantesca
de horizontes sin límite aparente
lamiste mi insignificante presencia
con la delicadeza de una felina
acariciando a su cachorro juguetón.

Me dejé flotar en tu lomo de gigante
confiando mi pequeñez
en tu apacible apariencia
mientras tus olas suaves
mecían mi reducida humanidad.

Bebí tu fuerza primitiva
admiré el paisaje incomparable
de tu mundo escondido
     selva y fauna
     paleta de color
en explosión de mil formas y criaturas.

Me suspendí en tu interior
contemplé el ballet silencioso
de cientos de pececillos
deslizándose en rítmico vaivén
bajo la guía de invisible conductor.

Observé la serenidad cautelosa
de los peces grandes,
me miraron de lado
midiendo mi tamaño
desconfiando de mis intenciones
dieron media vuelta
y se desvanecieron en la
densidad de tu azul profundo.

Me embelesé ante el desfile silencioso
de decenas y decenas
de modelos exóticas
exhibiendo suntuosos
vestidos de escamas
cortados con elegancia
en combinación de texturas
enmudeciendo
a los creadores de la moda.

Se deslizaron ante mí
las más vistosas coloraciones
los más sutiles matices
todos ellos ridiculizando
al artista más sofisticado
con la inagotable riqueza de color
que tú, Madre-marina,
escondes en tus profundidades fascinantes.

Siempre que te miro
siempre que te pruebo
siempre que te bebo
fortificas mi existencia
vigorizas mi microscopía
enalteces mi limitación
ensanchas mi ceguera
al contacto con tu elemento primordial,
fuente de toda Vida,
altar de existencia
cofre y memoria gigantesca
de los inicios de la Humanidad.

Contemplé tu belleza sin igual
miré a mi alrededor
y lloré la desidia
de todos los que te ultrajan
todos los días
cada vez

que mancillan tu playas
con los desechos de su glotonería
                        de su descuido
                        de su ignorancia.

Sentí rencor
contra los que irrespetan
        tu grandeza
        tu majestuosidad
e insultan tu solemnidad
arrojándote su descuido
en formas de insolentes
        plásticos
        botellas
                pañales
                latas
        llantas
                metales
                químicos
productos todos
de la maravilla tecnológica
que resuelve un problema
y crea otro
con su miopía práctica.

Tienes razón
mar embravecida
de protestar con furor
cuando arañamos
tu superficie majestuosa
con lacerantes cuchillas de acero
cuando jugamos a ser semidioses,
desatando en tus entrañas
la furia de una atómica explosión.

Mar de hoy
mar de siempre
reina de Vida
recibe en esta plegaria
    una reverencia
    una solicitud
para que jamás dejes
    de ser quien eres,
    a pesar de nuestra
    locura colectiva
    empeñada en destruir tu grandeza,
    cavando nuestra propia sepultura.

Que tu silenciosa paciencia
no cese jamás de enseñarnos
la lección de Vida
que nos das con tu noble inmensidad.

# MADRE-TIERRA HERIDA

(Bomba Atómica detonada Sept. 6, 1995
por Francia en el Pacífico)

Madre Tierra,
qué te ha hecho de nuevo
la locura de los hombres insensatos?

Madre Tierra,
te han herido,
      despiadadamente
         injustificadamente
            desafiantemente...

Madre Tierra:
una vez más
han rasgado tu corteza
otra nación "civilizada"
clavando la fuerza del Átomo
para arañar tu piel marina.

Madre Tierra:
en nombre de una ciencia ciega
han desequilibrado otra vez
los relojes de precisión,
los ecosistemas armoniosos
de tu mundo acuoso,
donde nació la Vida
    allá, en aquel nebuloso período
    cuando el hombre ausente
    no desequilibraba tus armonía.

El hombre ayer, desafiando al infierno de Dante,
crearon el holocausto de Hiroshima
repitiéndolo injustificadamente en Nagasaki.
Hoy, el hombre, cegado por su poder destructivo,

vuelve a reciclar su locura,
   demoliendo,
   fundiendo,
   aniquilando

el bosque de pétrea belleza escondida,
la armonía de tus danzarines criaturas multicolores,
las plantas ondulantes al vaivén
de tus corrientes caprichosas,
los escurridizos caparazones de caminar lateral,
las flores de coral fosforescente,
los tímidos y nerviosos pececillos transparentes
moviéndose como relucientes espejos vivos,

Y los miles
      y miles
         y miles
de seres vivos aún sin nombrar,
milagros diarios que,
orquestados por su invisible Conductor,
renuevan,
   revitalizan,
      recrean,
         sostienen,
            dan vida
a ese grandioso,
   majestuoso,
      tumultuoso,
         imponente gigante
de cuerpo líquido
de profundidades inalcanzables
de colores cambiantes
de Abrazo Vital.

Madre-Tierra:
eres gigante amable
   de olas fecundas
   de Energía envolvente.
útero fértil palpitante de Vida

La locura de este hombre obcecado
lleno de ansia de poder,
        de inaceptable ceguera,
        de miopía del Futuro
y de sordera a la protesta mundial.

Madre -Tierra:
por segunda
por tercera
por cuarta vez
    te han herido
        con el Átomo vital trastrocado
            en llama devoradora
            calor infernal
            sol desubicado
            garra de muerte,

para estrujar tus entrañas marinas
en nombre de una ciencia
que nada tiene que aprender
de lo que ya no supiera:
            muerte,
            dolor;
            muerte,
            destrucción;
            muerte,
            aniquilación;
            muerte,
            desolación...

Y te hirieron de nuevo
    en contra de la oposición de amantes tuyos,
    en contra del sentido común,
    en contra del dolor colectivo.

Dispersaron por doquier
        la destrucción
        la aniquilación
        y la desolación anticipadas.

Madre -Tierra:
Te han rasgado,
   la piel de tu corteza
   los pulmones de tu profundidades
   la dignidad de tu Sabiduría.

Madre - Tierra:
he llorado contigo
   una lágrima amarga
   más pequeña que tu inmensidad,
   pero con dolor de eternidad.

¿Cuándo aprenderá este hombre insensato
a amarte, Madre-Tierra,
como lo amas tú sin cesar?

Cuánto quisiera evitar
que la locura colectiva de esos pocos,
no te vuelva a herir de nuevo
apuñalándote irracionalmente
con la fuerza del Átomo fraccionado,
corazón de la materia viva.

Madre-Tierra:
   PERDONA, si aún pudieras,
   la insensatez
   de los pocos que tienen el poder,
   porque somos muchos
   los que te amamos
   y te quisiéramos proteger.

Madre-Tierra:
elevo mi plegaria,
con la de todos los que te respetan,
para que jamás vuelva a suceder.

# PRESENCIA Y
# SILENCIO DE DIOS

# EL TEMPLO - FLOR

Nueva Delhi, India
Diciembre, 2005

Templo de Loto,
he visto tu resplandeciente blancura
reflejando la luz de la mañana,
cada pétalo de mármol níveo
desafiando la gravedad
para erguirse orgullosos
proclamando al espectador mudo
el Mensaje silencioso y portentoso
de la Unidad Universal
como el regalo Nuevo
de una Revelación fresca
destinada a recrear la Humanidad.

He visto tu magnificencia
y he quedado mudo
ante tu espectacular belleza,
Oh, Templo de Loto,
silencioso faro nuevo
proclamando la Unidad
tan deseada por nuestra Humanidad.

He visto tus pétalos armoniosos
elevados majestuosamente
manteniendo un equilibrio imposible
rindiendo culto
al Espíritu originador,
inspirador de tu Creación.

He contemplado tu armonía
y he agradecido a la Vida
haber admirado
tu magnificencia
anunciando el Nuevo Espíritu
animador de la Humanidad.

Me he extasiado
con la elegancia de tus pétalos
aferrados tenazmente
al círculo del Gran Nombre
dejando derramar
la luz matinal,
impregnando tu seno sagrado
con un baño de paz espiritual,
invitando a la comunión
con el Dios de todos,
presente en cada uno
de los allí reunidos,
para proclamar la Fe
en ese Dios Único,
inspirados por la armonía
reflejada en tu diseño exquisito
Oh, Templo de la Flor de Loto.

He comulgado en tu interior
con la fuerza de la Nueva Revelación
proclamada por Bahá'u'lláh,
hecha visible en tu esplendoroso diseño
silenciosamente invitando
a todos los curiosos y creyentes
a beber la Unidad de la nueva Era Espiritual
inspirados en la belleza interna
irradiando un grito de alegría
proclamando la Revelación Nueva,
la Unidad de la Humanidad.

# EL JARDIN DEL EDEN

Abril, 2012

Añoramos volver
a nuestro Jardín del Edén,
el útero amable que
durante nueve meses
nos albergó,
otorgándonos la única
e irrepetible realidad
    de protección,
    de cariño,
    de necesidades básicas:
comida asegurada,
temperatura regulada,
luz mitigada,
ruidos reducidos,
espacio y tiempo
adaptados al ritmo del crecimiento;
todo dándonos
    la imagen,
    la experiencia
de estar en Jardín del Edén.

Cuánto añoramos
volver a estar en ese Jardín
mientras transcurrimos
por este Valle de Lagrimas
experimentando el frio,
    el hambre,
    la desprotección,
    el odio,
    la envidia,
    la maldad,
    la destrucción
de un humano por su hermano.

Entrar en la ladera del Monte Carmelo
caminar en los Jardines de la Fe Bahá'i
de inmediato se vive,
    se respira,
    se siente uno
caminando en un Jardín del Edén
    terrenal,
    vivencial.

Sus terrazas simétricas,
abrazadas por jardines multicolores,
flores delicadas de toda especie,
arbustos repletos de fruto,
arboles gigantes protegiendo la ladera,
pasto y musgo aterciopelado
arropando la dura piedra
con un manto real de verde majestuoso
creando un ambiente de paz y serenidad
único en su intensidad.

Jardín del Edén donde
la presencia del Espíritu Divino
    se hace palpable,
    se aspira,
    se siente,
    se experimenta
en la mitad del ser,
en la mitad del alma
sabiéndose presente frente a lo Sagrado.

En humilde plegaria,
en sumisión alegre
el corazón palpita reverente
frente la presencia sutil
del Báb y del Abdu'l-Bahá
sintiéndose bendecido
de poder experimentar por un instante
el estar en el Jardín del Edén
    material y espiritual.

# EL SILENCIO DEL PADRE

Mayo, 1973

Miré en mi interior
      ví un hombre aterrado
de su insignificante pequeñez.
Sentí
      el temblor
      la angustia del mañana
      la palpitación del odio
      la sed de poder
      la caricia de la ternura
el trepidar de los deseos
      la ilusión del triunfo
      la búsqueda del por qué.

Ví un grano de arena
en medio
de millones de granos más.
Lloré.
¿Un grano más?
Pregunté…

Del negro vacío del Cosmos,
sentí la mueca de la ironía.
Escuché la respuesta insonora
titilantes ecos de burla.

Volví a gritar.
      ¿Por qué?
Un grano más.
      ¿Por qué?
Más angustioso,
      ¿Para qué?

En la suspendida soledad
en la fría penumbra de mi ser,
un día llegó un rumor
olas de mar con promesas de paz.

Era una voz: ¡la Palabra!
Y decía:
"Hijo mío…amigo mío".

Miré,
        busqué.
No encontré persona alguna
No había nadie.
Mi corazón rugía silencioso
      esperando
         suspirando.

Fue un día sin día,
      un momento sin historia
      un silencio sin ruido
      un clamor sin eco.

La Palabra
      se hizo Vida,
en mi corazón resplandeció
la noche iluminada.

"Hijo mío… amigo mío"
llegó el susurro de nuevo…
      inundando
      empapando
      penetrando
cada fibra de mi Ser,
      con remanso de paz
      con silencio alegre
      con sed de Amor.

Me creí llamado,
      me percibí necesario
      me encontré ubicado
      me vi exaltado
      me entendí comprendido
      me sentí lavado
      me supe amado.

Las flores sonrieron
      las nubes bailaron
      el mar con sus olas bailó
      el cielo abrió su encanto.

Ví mi mundo interior
ví un hombre
      infinitamente pequeño
      infinitamente amado.

Alcé los ojos en mi nada
para sentirlo a El... el Todo.
No le ví,
      allí estaba.
No le vi,
      allí le encontré.

De mi corazón subió
      un susurro
      un temblor.
De mi boca salió
      con alegría de sol
      con cascada de paz,
un grito sin voz
que decía quedo:
"Padre...
      Padre mío,
        que estás en los cielos..."

# PLEGARIA DE DOLOR Y RABIA

Señor
siento rabia de Ti.
¿Dónde está Tu equilibrio
   Tu justicia
   Tu armonía?

¿Cómo puedes estar
frente al timón
de semejante desorden caótico
de la historia de todos los días?

Dádme la certeza
de que tu Amor
puede darlo todo
  la paz en la tormenta
  la esperanza en la penumbra
  la paciencia en la angustia
el perdón en el rencor
la fuerza en la noche negra...
  de la desesperación.

Esta noche
te pido
no me niegues
lo que te sobra:
Amor para sonreír
  Amor para sanar
    Amor para amar.

Dadme Señor
ese Amor necesario
        renovado
            siempre otorgado
hasta el momento
en que pueda verte
y entender el dolor
        de ayer
            de hoy
                de mañana.

Señor...
que en el dolor
aprenda a amar,
por encima de
la pasión
        la restricción
            la despreocupación
con que he amado hasta hoy.

Dadme el Amor
que Tú sólo puedes dar.

Devuélveme la paz
que mi dolor necesita.

No me dejes perdido navegar
en la deriva de mi altamar.

# NAVIDAD PERDIDA

Diciembre, 2004

Evento singular
trasformado en evento social,
      en breve novena con fiesta prolongada,
      en vacación en una playa del Caribe,
      en viaje turístico, aun ecológico,
      en un respiro del trabajo anual.

Acordarse del evento original,
el nacimiento de una Manifestación de Dios
otra vez a la Humanidad,
parece batalla perdida
entre las bombas multicolores,
las luces titilantes en árboles naturales o artificiales
los pesebres de plástico,
los Santa Claus en serie,
y la tiranía de regalos obligados.

Sólo un corazón atento logra
vivenciar el sentido original
la majestad de un momento singular,
reencontrar el sentido perdido
de ser Hijos de Dios por herencia,
amasados por el Amor desinteresado
cuya única pasión
es compartir Su Ser Eterno,
encarnándolo en la humildad
de un templo humano,
obra magnífica de su Amor Infinito.

# HEROÍNA NO-RECONOCIDA

# HEROÍNA SIN MEDALLA

Enero, 1998

En climatizado salón de hotel
sobre acolchonado asiento
bebiendo un café caliente
he oído una historia de la vida real,
monumento al heroísmo maternal.

Una partera comunitaria
bendecida en exceso
con mellizos no-buscados
aumenta su peso familiar
bajo el yugo
de un regalo no-planificado.

En una noche fría
sola en su covacha
acompañada por los espíritus
de antepasados idos
en la sombras del olvido,
esta heroína
en agonía de parto complicado
su ser se desmembra
en esfuerzo titánico
por dar a luz
el par de nuevas vidas
luchando por salir.

La primera,
en caprichosa manifestación
su manito saca
queriendo el mundo alcanzar,
impidiéndole en él, entrar.

La madre angustiada
en esfuerzo sobrehumano
el bracito jala;
el chiquillo confundido,
en imposible lucha
por ganar su existencia,
desorientado en su descenso,
su vida inmola
en la decisión desesperada
de su madre acongojada.

Sin tregua, ni descanso
otro grito perforador
arañó la noche muda,
mientras sola pujó sus entrañas
forzándolas a dar a luz
el otro mellizo vivo,
devolviéndose a sí misma
la felicidad truncada,
al morir el hermanito
nacido sin esperanza.

En esa noche sin estrellas
el recién nacido
dió testimonio mudo
a la Fecundidad viva,
a la Maternidad Unica,
al heroísmo de su madre sin par,
renovadora del Milagro común,
una nueva Vida para la Humanidad.

# EL MATRIMONIO

# CAMINANDO DE LA MANO

Nov. 1984

No hay imagen justa
para expresar
el valor de un matrimonio
que ha caminado de la mano
durante una década,
          dos lustros
          un cuarto de siglo.

El hierro
argolla de cadenas
eslabón de rascacielos
          se oxida
          se derrumba
en menos tiempo.

Las células
de nuestro cuerpo todo
habrán muerto y revivido
cientos de veces
en ese lapso de tiempo,

Las flores y sus colores
          los pájaros y sus trinos
          los insectos y su murmullo
la vida entera
se habrá renovado
varias veces
en la permanencia
de un matrimonio
celebrando la unión
de una década,
     dos lustros,
     un cuarto de siglo.

Somos tan variables
somos tan inconstantes,
        susceptibles,
        inseguros
        temerosos
que sorprende encontrar
dos seres compenetrados
        unidos
caminando de la mano
el mar de la vida
como esposos
aún ligados el uno al otro..

Quien admira extasiado
el bermejo encendido
de un atardecer acuarela
sobrevolando las nubes
suspendido en el vientre
de un pájaro de metal;

quien puede vibrar emocionado
llorar sin vergüenza
al escuchar una sinfonía;

quien al ver una lágrima
de un niño
siente el deseo de extender
su mano y
enjugarla con un beso,
se quedará mudo
        estremecido
cuando encuentre
        la pareja
con quien caminará de la mano
un decenio,
        dos lustros,
            un cuarto de siglo.

# REGALO DE BODAS

Julio/94

Novios enamorados
comenzando el nuevo rumbo
de un amanecer
salpicado de esperanzas
      de luces
      de anhelos
      de sueños.

Camino viejo,
camino nuevo,
atardecer y mañana
que abren la puerta
      a la convivencia
      a la aventura
      a la rutina.

Cuando desaparezca el entusiasmo
      se enfríe el calor pasional
      se solidifique el diario vivir
      se olvide el detalle
se acostumbren a la compañía
      se respondan asperezas
      se refuten posiciones
      se cuestione el respeto
se dude de la fidelidad
      se olvide compartir la limpieza
      se defiende diciendo, "tus hijos"
      se pregunte por el sentido
se crea haber cometido un error...

Hay que acordarse
        que el entusiasmo es pasajero
        el detalle no define la entrega
        la rutina es la base de la convivencia
        la compañía muchas veces es solo estar allí
        las asperezas son nuestra flaqueza
        las posiciones son territorialidad necesaria
        el respeto es la confianza,
        la infidelidad no es un aislado desliz,
        las tareas del hogar son muchas para elegir,
        "tus hijos" son "nuestros hijos".

El sentido es lo que imprimimos,
el error es el sello de nuestra limitación.

Casarse
no es sellar un contrato.
Es entregarse
        es darse
        es compartir
        es desear y planificar juntos
        es morir y renacer con el otro
es sentir y angustiarse
        es dudar y confiar
        es crear y procrear
        es sufrir y llorar
es esperar y limitarse
        es convivir y pedir
        es carecer y entregar.

Casarse
es emprender
        el camino largo
        no marcado
es creer y caminar en oscuridad

es pensar,
      imaginar,
         soñar,
            estrellarse con la realidad.

Es dar la Vida
      sentirla propia
      llamarlo "hijo mío"
      y verlo partir.

Es aceptar que nos vemos feos
      somnolientos y hasta de mal olor
      al despertar
      al enfermar
      al parir
        al encolerizarnos.

Es decir "Te quiero, amor mío",
  cuando ya no hay pelo en la frente,
  cuando se desdibuje la cintura
    se pierda el ritmo al caminar,
  cuando hay Otro en el camino
    pero se le dice "Adiós",
  cuando se le perdona la aventura pasajera,
    se la ama con sus arrugas,
    a él con su barriga y canas.

Matrimonio
no es luna de miel perpetua,
pues hay quienes la inician
como luna de hiel.

Matrimonio es aceptar el otro
  tu yo,
  mi tú,

como es,
no como quiero
que sea...
moldeado a mi deseo
    a mi capricho
    a mi egoísmo.

Casarse es unirse para
    dar
      dar
        dar
            y dar
para
    recibir
        recibir
            recibir
y sentir
    sentir
        que valió la pena
            hoy
                mañana
                    y
                    siempre.

# HOY DE NUEVO

Abril 22, 2000

Hoy de nuevo,
otro año ensartado
al collar del Tiempo vivido.

Un trillar de experiencias
recorridas con la pasión creadora
de una exploradora de la Vida,
construyendo un presente propio
nacido de una pasado reciente
convertido en el futuro inmediato
de tu Historia sin igual.

Compañera de una vida.
Amiga de una aventura.
Guía de una búsqueda.
Eres esto y mucho más;
eres el baluarte de mis inquietudes
    el oído de mis quejas
    el yunque de mis inseguridades
    el faro de mis noches oscuras
    el antídoto de mis desánimos
    el empuje de mis sueños
    el escudo contra mis enemigos
la firmeza de mis dudas
la coraza contra las palabras mordaces
la roca de mis esperanzas
el amor desde siempre soñado
    constantemente deseado
    ardorosamente necesitado.

En este día festivo
    amiga mía
    amada mía
celebro contigo
    el don
    el regalo
    la Oferta
el beneplácito del Padre conmigo
cuando un día te puso en mi camino
y me dijo,
"He ahí a tu compañera
Ámala como yo te he Amado.
Quiérela como yo la quiero.
Cuídala como yo te cuido.
Guárdala como el fideicomiso
de tu Amor por Mi".

Celebramos tu Día
compañera mía,
como el nacimiento
de un nuevo Día,
iluminando nuestras vidas
con la fuerza de tu Espíritu
    lo mejor de Ti,
    tu Magia Curativa.

Se Feliz hoy en tu Día,
    amada mía,
lo mereces sin duda;
    disfrútalo como un Don
del Padre
    con su beneplácito celestial.

# MADRE

# LAGRIMAS DE MADRE

Gracias por tus lágrimas, mujer;
   siendo madre
solo tú las puedes verter.

Gracias por tus lágrimas, madre;
en ellas hemos sido engendrados
   hijos mil veces
en cada lágrima, un hijo;
en cada llorada, todos tus hijos,
re-nacidos en el llanto torrentoso
de quien no puede parar de amar.

Gracias por tus lágrimas, mujer.

# MATERNIDAD SIEMPRE NUEVA

Julio, 1996

Te veo
amiga entrañable
convertida
en Misterio de Vida.

Te admiro
en tu esplendorosa redondez;
alabo tu género
con-fabulado con Dios
en la sucesión evolutiva
de otra criatura
     tuya, interna
     tuya, propia
por unos meses
para verla un día
     crecer
     marcharse
     independizarse
y repetir el ciclo sagrado
de trasmitir la Vida.

Te admiro amiga
porque reconociendo
el mérito sagrado
de ser diosa-creadora,
no podría en mi sano juicio,
querer el privilegio
de ser llamado "mamá".
Prefiero la recortada comodidad
de mi limitada paternidad.

Te veo amiga
llena como un globo,
radiante de alegría
en un embarazo deseado
que te cubre de manto real
haciéndote reina del Misterio,
cántaro del Cosmos
partícipe de la Evolución
co-creadora del Universo.

Vientre fecundo
donde el milagro de la Vida
se repite
y un nuevo ser
dentro de ti palpita
gozoso de estar vivo
inquieto por su existir
acompañando al coro silencioso
        de miles de otros escondidos
        en miles de vientres generosos
cantando sin voz
la melodía sin notas
más sublime del Cosmos
"Gracias Madre
porque me has dado la Vida".

# LO INESPERADO

# DEMOLEDORA NOTICIA

Hay noticias demoledoras.
Llegan sin aviso
golpean sin anuncio
desmoronan la auto imagen
dejan sin aliento
ponen de relieve la fragilidad del cuerpo
obligan a reajustes inesperados.

Así me llegó el diagnostico del cardiólogo
"Tienes las válvulas del corazón desechas
será necesario operarte y reemplazarlas".

En ese momento la imagen
        de hombre maduro saludable
        de adulto enérgico y vigoroso
en la tercera edad
haciendo ejercicio en un gimnasio
enorgullecido de mi "buena salud" y energía,
me encontré de pronto,
ante la dura realidad
de una falla interna de mi cuerpo
una pieza defectuosa
capaz de darme
un infarto en cualquier momento.

Que golpe! Que sorpresa!
Que mazazo de noticia!

Súbitamente me encontré
        cara a cara
        con la limitación
de mi propia mortalidad
vivenciándola con claridad meridiana;

era operación de corazón abierto, ya,
sin dilaciones,
o era exponerme a un infarto fulminante,
en cualquier instante.

Frente a esa realidad inminente
no cabía argumentos inútiles
        ni oposición estéril
        ni ensayos a ser el hombre de acero
pues el daño físico estaba ahí
        palpable,
        audible,
        visible
en el eco-cardiograma.

Era consentir a la intervención
o arriesgarme a la innecesaria fatalidad
de un infarto masivo.
Ciertamente no estaba preparado
para vivir esa alternativa.

Desarmado
        admití el diagnóstico
        claudiqué de ser
el superman de mi imaginación
        entregué mi resistencia
        a la evidente experiencia
del experimentado cirujano,
conocedor de su especialidad,
        listo a brindarme
        el regalo de su habilidad.

Intervención exitosa
la válvula Mitral reemplazada,
la Tricúspide reparada,
la arritmia controlada,
las venas provenientes del pulmón selladas;

cuatro intervenciones en una apertura
otorgándome
un "overhaul" del corazón,
poderosamente renovado para abrirme
una segunda oportunidad de Vida.

La toma de consciencia
de la fragilidad del presente
me ha hecho revalorar
      lo que soy,
      lo que pienso,
      lo que vivo,
en este presente efímero
única y auténtica realidad del Existir.

Descubrí en la inesperada odisea
un collar de "coincidencias"
mejor expresados como
'milagros' de sincronicidad
capaces de develar
una Asistencia Superior,
un Organizador de los eventos
con tal maestría, pues
los obstáculos se derrumbaron,
         uno a uno
como si así lo hubiese decretado
el Universo contento de darme ese regalo.

Ahora, pasado el momento
del susto y la incógnita del resultado,
me encuentro vivo de nuevo,
agradeciendo día a día
el milagro de estar vivo,
con esperanza de años fértiles
años aún por vivir.

poniendo mis esfuerzos
al servicio de Quien me dio
esta segunda oportunidad de Vida
gratuita,
sin pedirla,
quizá sin merecerla.

Gracias al Universo, al Creador,
y a todos los amigos acompañantes
de esta demoledora odisea
que he navegado triunfalmente
gracias a su apoyo permanente
a su preocupación fiel
a su presencia constante.

Ruego a la Vida… y al Creador
no tener que pasar de nuevo
por otra odisea similar
de semejante envergadura,
de semejante susto
de tan demoledora noticia.